MEDITAÇÃO

Aprenda Meditação, Permaneça Positivo E Cure-se

(Guia Passo A Passo Para Iniciantes Para A Atenção Plena E Uma Conexão Mais Profunda Consigo Mesmo)

Iwan Pawlak

Traduzido por Daniel Heath

Iwan Pawlak

Meditação: Aprenda Meditação, Permaneça Positivo E Cure-se (Guia Passo A Passo Para Iniciantes Para A Atenção Plena E Uma Conexão Mais Profunda Consigo Mesmo)

ISBN 978-1-989837-50-4

Termos e Condições

De modo nenhum é permitido reproduzir, duplicar ou até mesmo transmitir qualquer parte deste documento em meios eletrônicos ou impressos. A gravação desta publicação é estritamente proibida e qualquer armazenamento deste documento não é permitido, a menos que haja permissão por escrito do editor. Todos os direitos são reservados.

As informações fornecidas neste documento são declaradas verdadeiras e consistentes, na medida em que qualquer responsabilidade, em termos de desatenção ou de outra forma, por qualquer uso ou abuso de quaisquer políticas, processos ou instruções contidas, é de responsabilidade exclusiva e pessoal do leitor destinatário. Sob nenhuma circunstância qualquer, responsabilidade legal ou culpa será imposta ao editor por qualquer reparação, dano ou perda monetária devida às informações aqui contidas, direta ou indiretamente. Os respectivos autores são proprietários de todos os direitos autorais não detidos pelo editor.

Aviso Legal:

Este livro é protegido por direitos autorais. Ele é designado exclusivamente para uso pessoal. Você não pode alterar, distribuir, vender, usar, citar ou parafrasear qualquer parte ou o conteúdo deste ebook sem o consentimento do autor ou proprietário dos direitos autorais. Ações legais poderão ser tomadas caso isso seja violado.

Termos de Responsabilidade:

Observe também que as informações contidas neste documento são apenas para fins educacionais e de entretenimento. Todo esforço foi feito para fornecer informações completas precisas, atualizadas e confiáveis. Nenhuma garantia de qualquer tipo é expressa ou mesmo implícita. Os leitores reconhecem que o autor não está envolvido na prestação de aconselhamento jurídico, financeiro, médico ou profissional.

Ao ler este documento, o leitor concorda que sob nenhuma circunstância somos responsáveis por quaisquer perdas, diretas ou indiretas, que venham a ocorrer como resultado do uso de informações contidas neste documento, incluindo, mas não limitado a, erros, omissões, ou imprecisões.

Índice

Parte 1 1

Introdução 2

Capítulo 1: Compreendendo A Ciência Por Trás Da Meditação 6

Capítulo 2: Perseverando Através De Desafios 10

Capítulo 3: Como Programar As Suas Sessões 14

Capítulo 4: Melhorando A Sua Respiração 18

Capítulo 5: Melhorando A Sua Postura 24

Capítulo 6: Determinando A Duração De Sua Sessão 29

Capítulo 7: Como Começar A Meditar 33

Capítulo 8: Progredindo Para Um Nível Intermediário 37

Capítulo 9: Como Atingir A Meditação Ativa 41

Conclusão 45

Parte 2 47

Introdução 48

Capítulo Um – Por Que Meditar, Em Primeiro Lugar 50

MAS POR QUE EXISTE UM "PROBLEMA DE SUGESTÃO"? 51

Capítulo Dois – Preparando As Condições Para A Habilidade Sugestiva 58

DICAS ALTERNATIVAS 62

Capítulo Três – O Que Dizer A Si Mesmo 66

Capítulo Quatro – O Método Da Auto-Hipnose 68

LEMBRETE IMPORTANTE 68

Por Quanto Tempo Deve Fazer Isso? 71
Capítulo Cinco – Métodos Mais Curtos 73
Outros Métodos 75
O Método Do Vampiro 76
Outras Preparações: 78
O Método Do Vampiro Em Passos: 79
Objetivos E Resultados Associados Ao Método Do Vampiro: 81
Método Plano 82
Métodos Ainda Menores 85
Sessão Matinal 86
Intervalo No Meio Da Manhã 87
Intervalo Do Almoço 88
Intervalo No Meio Da Tarde 90
Métodos Avançados 91
Método Dos Dois Dedos E Uma Mão 92
O Método Dos Dois Dedos E Ambas As Mãos 95
O Método Dos Dois Dedos E Uma Mão – Versão Menor 98
O Método Dos Dois Dedos E Duas Mãos 99
Método Do Terceiro Olho 101
Questões Frequentemente Perguntadas/Problemas E Soluções
.... 103
A Meditação Pode Aliviar Sofrimentos E Dores Emocionais?
.... 113
Conclusão 117

Parte 1

Introdução

Então você ouviu a respeito da meditação e seus benefícios, porém, não tem ideia de como começar, certo? Para a sua felicidade, você veio ao lugar certo! Antes de começarmos, pode ajudar a organizar sua mente contar a você primeiramente o que meditação definitivamente **não** é.

Meditação não é uma religião, um culto ou um conjunto de crenças. Admitidamente, muitas religiões e cultos fazem uso da meditação, embora aqueles que meditam regularmente incorporem a mesma ao seu próprio conjunto de crenças. Para meditar, você não precisa abrir mão de sua religião ou sistema de crenças, tampouco precisa ingressar em outro. De fato, você não precisa abrir mão de nada exceto de alguns poucos minutos do seu tempo cada dia.

Meditaçãose refereaum conjunto de práticas que ajudam você a focareacalmarsua mente. Não existe uma maneira única de praticá-la, tampouco existe uma maneira certa ou uma maneira errada. A melhor maneira de se meditar é fazendo qualquer uma que funcione para você.

Dito isto, meditaçãonão é sobre vegetar na frente de sua televisão, sua tela de computador ouvídeo game—não importa o quão relaxante você os acheequanto eles ajudam vocêa aliviar o estresse. Uma das muitas razões pelas quais as pessoas meditam é afiar e treinar suas mentes, não deixarque ela se torne difusa distraindo-se ou tornando-se dependente de estímulos externos.

Ainda não entende? Ok, tente isto: levante o seu polegar como se você estivesse pedindo carona, mas certifique-se que a sua unha do polegar esteja voltada para você. Agora mantenha ele cerca de 30 centímetros na direção oposta ao seu nariz. Permaneça um minuto inteiro apenas olhando para o seu polegar.

Agora vem a parte difícil: por inteiros 60 segundos, bloqueie quaisquer pensamentos, sentimentos, imagens, memórias, etc. Assim que você se perceber lembrando de algo, fantasiando sobre outra coisa, querendo fazer outra coisa, pensando em alguém, etc., você perdeu o jogo. Reinicie sua observação e faça tudo de novo do zero. Não tão fácil, huh?

Isso se deve ao fato de que a mente é como uma abelha. Ela não consegue ficar parada. Ela precisa ficar se movendo de um lugar para o outro.

Meditaçãoéuma maneira dedeixar suamenterepousar em apenas uma única coisa. É como ir à academia para um exercício, exceto pelo fato de que nenhum equipamento especial é necessário, tampouco você precisa realmente se mover.Isso se deve ao fato de que a sua mente não está lá for a, tampouco ela é uma coisa física que você pode modelar com pesos. Estamos falando sobre a suamente, não o seu cérebro.

A sua mentepode ser treinadada mesma maneiraque você treina seus músculos, ou da mesma maneiraque você treina a si próprio para dominar uma determinada habilidade. Você pode treinar através da repetiçãoede uma compreensão conscientedo que você está fazendo.

Interessado? Então vamos começar.

Capítulo 1: Compreendendo a Ciência por trás da Meditação

Você provavelmente está lendo isto porque ouviu falar de todas as coisas boas que acontecem àqueles meditam. Conforme mencionado na introdução, meditação é um conjunto de exercícios que treina a mente, porém, de acordo com a ciência médica, ela também possui um efeito no nosso cérebro.

Graças à tecnologia moderna, sabemos agora que não é demagogia. Pesquisadores que conectam meditadores a dispositivos similares a varreduras de fMRI descobriram que a meditação realmente tem efeitos bastante reais e bastante mensuráveis na sua cuca, logo, vamos falar rapidamente sobre isso.

O lobo frontal, situado logo atrás dos olhos, é a parte mais evoluída do cérebro. É responsável pelo raciocínio, planejamento, emoçõeseautoconhecimento. Quanto mais profundo as pessoas meditam, mais essa parte pode desligar e fazer uma pausa.

O lobo parietal está no meio do nosso cérebroeé responsávelpor processar informaçõessobre o nosso ambiente. Ele também coordena nosso sensode tempo eespaço. Essa parte desacelera durante ameditação.

O tálamotambém se situa no mesencéfalo, logo acima do tronco encefálico. É responsávelpor filtrar dados sensoriaisesim, ele também desaceleraquando as pessoas meditam.

Finalmente, existe a formação reticular, um conjunto denúcleos aglomerados interconectados ao redor do tronco encefálico. Estes recebemestímulosetornam o cérebro alerta, pronto para fazer você agir caso necessário. Estes se tornam menos ativos, reduzindo asua sensação deurgência.

Então, o que significa tudo isso para você?

Por um lado, reduz oestressetornando seucérebromenos propenso a combater o mundo, assim como todos e tudo nele. Meditaçãotambém foi confirmada eficazno tratamento daqueles com tendências violentas efoi usada em prisõespara diminuir a reincidência (a tendência de que voltariam ao seu comportamento anterior).

Menos estresseé tambémo resultadodo seu cérebrocomeçando a aliviar conexõesentre determinadas trajetórias neurais. Sem se tornar demasiadamente técnico, o que isso significa é que seucérebrodesenvolve a habilidadede distinguir melhorentreperigo real eestresse. Caso você não esteja em perigo, você recebe o estado de alerta, porém, o impulso de "lute ou corra"que mantém seus níveis de estressee agressãoelevados.

Foi descoberto que isso ajuda as pessoas a lidar melhor com a dor e, em alguns casos, até mesmo a superá-la – porém, abordaremos isso mais tarde. Outros benefícios incluem memória melhorada, maior criatividade e, o melhor de tudo, mais matéria cinzenta.

Exatamente. Costumava-se acreditar que nossas células cerebrais morriam e nunca eram repostas após uma determinada idade. Médicos descobriram recentemente que podemos continuar a gerar mais células cerebrais e a criar mais trajetórias neurais até a idade avançada. A meditação facilita isso, portanto, não precisamos nos tornar desmemoriados ou sem personalidade nos anos derradeiros de nossas vidas.

Capítulo 2: Perseverando através de Desafios

Em países budistas como a Tailândia e o Ceilão os monastérios são abertos a todos. As pessoas podem e de fato despendem algum tempo nos mesmos aprendendo não apenas sobre a religião, porém, também aprendendo como meditar apropriadamente. Alguns poucos conseguem devotar toda sua vida a isso, enquanto a grande maioria despende algo entre algumas semanas a alguns meses como monges antes de retornar a suas vidas comuns.

Um estudo recente em meditadores concluiu o mesmo como verdade, pelo menos na América. Daqueles que adotaram a meditação, apenas 10% a realizaram de uma maneira contínua por anos a fio. A maioria a adota por apenas alguns dias antes de desistir e apenas retomar novamente a prática após uma semana ou mês depois.

Você poderia pensar que o pensamento de sentar imóvel em um lugar não deveria ser um problema, no entanto ele é. As três principais razões porque as pessoas desistem ou interrompem temporariamente suas sessões de meditação são:

1) Elas não têm mais tempo suficiente para fazê-la. O passodas coisas acelerou e,meu deus, elas precisam realmente correr. Elas meditarão novamente quando as coisas se acalmarem.

2) Elas não estão mais no clima. Era legal quando elas iam àquela palestra inspiradora daquele Dr. Swami-alguma-coisa, porém, isso foi um mês atrás e agora as contas chegaram, etc.

3) Elas não estão vendo resultados rápidos o suficiente.

Esse estudo descobriu que suas figuras correspondem àquelas dos que se inscrevem em uma academia. As pessoas desejam perder peso, desenvolver músculos ou ambos, excitam-se com tudo sobre treinamento físico. Elas comparecerão religiosamente por até mesmo um mês ou mais, após o qual o interesse diminui e elas param de ir. Alternativamente, elas vão, porém, assim o fazem esporadicamente. Apenas cerca de 10% dura todo o percurso.

Afinal o que acontece então? Os seres humanos são inerentemente preguiçosos? Bem, de certa forma.

De volta àquele estudo: foi descoberto nele que meditadores de primeira viagem eram super entusiasmados sobre sua prática. Para a primeira semana, não se importavam de meditar duas vezes ao dia por 20 minutos cada. Na segunda semana, tanto reduziam quanto pulavam uma sessão da manhã ou da tarde. O 8º dia era o mais difícil para a maioria. Deprimentemente, 90% param de meditar regularmente antes do final da segunda semana.

Daqueles que conseguiram manter 11 dias consecutivos, 90% tenderam a manter a longo prazo. Porém, aqui está o ponto—se você deseja começar a ver mudanças de fMRI comprováveis no seu cérebro, você precisar meditar por pelo menos oito semanas consecutivas antes que a sua cuca comece a fazer as mudanças necessárias.

Mas como? Tudo depende de motivação e objetivos. Felizmente, existem alguns meios tentados e testados que parecem funcionar para diferentes pessoas.

Capítulo 3: Como Programar as Suas Sessões

A primeira etapa consiste em como você vai priorizara sua sessão de meditação. Algumas pessoas têm a disciplinade se exercitar com equipamento de ginástica em casa, porém, a maioria prefereir a uma academia de modo que eles sejam motivadospor outros em um contexto social.

Ainda outros têm o dinheiro para contratar um treinador particular que vai respirar fundo nos seus pescoços. A menos que você realmente entre para um monastério budista ou algum tipo de retiro, isso pode não ser uma coisa fácil de se fazer. Na verdade, existe uma maneira de se obter seu próprio treinador de meditação, porém, falaremos disso mais tarde.

Se você é como a maioria das pessoas, a sua sessão de meditaçãoserá umcaso solitário. Tente escolher um localonde você não será perturbado caso você mais com outros. Quanto mais você identificar esse local com a meditação,mais você entrará no climaquando você se sentar lá. Trata-se de condicionamento.

Ao escolher um local, certifique-se de que ele recebe bem pouco tráfego. Obviamente, escolher um local na soleira da sua porta não é uma boa ideia. Você associa aquele local a entrar e sair, não a se sentar imóvel.

Não importa quão pequeno seja o seu espaço ou quarto, haverá sempre uma área pela qual você raramente passa— talvez o lado da sua cama mais próximo a uma parede, um canto, etc.

Se isso simplesmente não for possível, arrume para você um tapete ou uma almofada. Certifique-se de esconde-lo guardado e só retirá-lo quando você medita. Isso não se destina a ser um objeto divino ou sagrado. Usando-o apenas para a meditação, você associa aquele objeto à meditação, colocando você no quadro apropriado da mente quando você tem tempo para uma sessão e o retira.

Isso nos leva à próxima parte—tempo. Meditadores de longo prazo bem-sucedidosfazem o seu melhor para meditarno mesmo horário cada dia. Quanto mais eles puderemreservar esse nicho para si próprios, mais seus corpos e mentes antecipamaquele intervalo de tempo particular e ficam mais noclima para uma sessão.

Idealmente, você deveria meditar cada dia no mesmo horário e no mesmo local para o máximo de resultados. Infelizmente, isso não é sempre possível.

Se você viaja diariamente de trem ou ônibus, use o seu tempo de viagem para uma sessão de meditação. Isto é, assumindo-se que você viaja no mesmo horário cada dia e que você sempre consegue um assento.

Como quer que você consiga reservar um nicho de meditação para você, é melhor fazê-lo em função do seu cronograma existente, se possível. Quanto mais você puder adaptaro seu cronograma para a sua sessão de meditação, maiores as suas chances de conseguir mantê-la.

Algumas pessoastentam torná-la algo maior,acendendovelas equeimando incenso, porém, isso simplesmente não é necessário. Aqueles que o fazem, normalmente incluem ameditaçãocomo partedo seu ritual diário de oração, porém, novamente, a meditaçãonão é religiosa por natureza. Se isso a torna mais confortávelpara você, entretanto, faça-o de qualquer forma.

Capítulo 4: Melhorando a sua Respiração

Essa parte é muito importante, logo você deve querer despender algum tempo relendo e praticando este capítulo. Fumantes e mergulhadores realizam essa parte rapidamente, porém, se você não é um desses, pode demorar algum tempo. Para acertar isso, sente-se em um banco ou uma cadeira sem costas, preferencialmente, em frente a um espelho onde você possa ver seu peito e ombros.

Sente-se reto e respire normalmente. Se você for como a maioria das pessoas, seu peito irá subir e descer de modo rápido, o que significa que a sua respiração é superficial; você não está respirando suficientemente profundo. Isso não é incomum para adultos. Se você já observou bebês e crianças pequenas, você perceberá que seus umbigos se movem livremente para frente e para trás conforme eles respiram. Você poderia se sentir tentado a descrevê-los como "respirando com o estômago". Isso é chamado de respiração diafragmática ou do umbigo, que permite ao corpo absorver mais ar – e, naturalmente, como um resultado, mais oxigênio – em uma inspiração (ou inalação).

Para que você possa entender melhor como isso funciona, vamos fazer aqui uma pequena revisão da sua última aula de biologia sobre respiração: os pulmões estão situados na cavidade torácica acima do diafragma em forma de domo e são protegidos pelas costelas. Quando você inspira (respira para dentro) os músculos do diafragma contraem e puxam o diafragma para baixo. Enquanto isso acontece, os músculos intercostais externos das costelas contraem e levam a caixa torácica a se mover para cima – e para fora. Essas ações juntas levam o volume do tórax aumentar, a pressão dentro cair e fazem o ar correr para dentro dos pulmões. O movimento para baixo do diafragma empurra para baixo os outros órgãos – fazendo parecer que o estômago está realizando a respiração. Quando exalamos os músculos do diafragma relaxam e saltam de volta para a sua posição original. Podemos também expelir o ar à força tossindo ou intencionalmente contraindo a parede abdominal.

Essa respiração umbilical natural é a maneira ideal se de respirar devido ao fato de que maximiza a entrada de oxigênio e é maiseficaz na expulsãode toxinas. Respirar superficialmente com opeito faz o exato oposto. A respiração torácica é boa para quando você está correndo pois proporciona a você aquela queima rápida de energia. Quando você não está mais correndo, porém, ainda está respirando com o peito, você absorve menos oxigênio, expelemenos toxinas e aumenta seus níveis de estresse.

Olhe-se no espelho (se possível). Agora relaxeseus ombros e repouse suas mãos no seu colode modo que seus ombros não pendam desconfortavelmente.Inspire, porém, mova a sua respiração todo o percurso até o seuumbigo. Se você estiver fazendo direito, seus ombrosnão devem se mover,mas o seu umbigodeve expandir e inchar para fora. Expire puxando o seu estômago para dentro, novamente certificando-se de que os seus ombrosestejam relaxados e não se movam.

Para se tornar mais consciente do que você está fazendo, abra os seus dedos para fora e exale. Coloque as suas mãos no seu umbigo, certificando-se de que os seus dedos do meio se encontrem sobre a parte de baixo do seu umbigo.

Inspire para dentro do seu umbigo, certificando-se de manter seus ombros relaxados. Se o fizer de maneira correta, seus dedos devem se afastar e seus dedos do meio não mais se tocarão. Expire puxando oseu umbigo para dentro, novamentecertificando-se deque seus ombros estão relaxados. Seus dedos devem se aproximar e as pontas dos seus dedos do meio devem se tocar sobre a parte de baixo do seu umbigo.

Continue praticando até que seus ombros e peito não mais levantem e caiam. Quando você estiver certo de que você não está respirando apenas com o seu peito, porém, também com o seu umbigo, você pode dispensar os dedos.

Você pode se sentir tonto e um pouco enjoado no início. Isso significa que você tem respirado superficialmente com seu peito por um longo tempo. Essa tontura ocorre pois você agora está absorvendo muito mais oxigênio do que estava acostumado. Caso isso aconteça, faça então algumas respirações mais superficiais.

Mesmo que você não medite, ouo faça, porém,apenasesporadicamente, aprender a respirar novamente com o seu umbigo é uma ótima maneirade aliviar o estresse e a ansiedade. É também mais saudável para você, portanto, tenha isso em mentea próxima vez que as não estiverem indo do seu jeito e que você comece a hiperventilar.

Capítulo 5: Melhorando a sua Postura

Não é necessário se sentar emuma almofada com as suas pernas cruzadas. Muitos asiáticos se sentam dessa forma porque, tradicionalmente, esta é a maneira que eles se sentavam. Cadeiras eram para reis, não para pessoas comuns. Apesar de as coisas terem mudado, muitos asiáticos ainda se sentem confortáveis em sentar-se no chão. Se você não se sente confortável de se sentar com suas pernas cruzadas por longos minutos, então, não o force.

Uma cadeira sem encosto ou banco será suficiente. Você precisa de uma sem encosto pois orientar-se constantemente a fim de se sentar-se ereto será a diferença entre adormecer e permanecer desperto. Equilibra-se constantemente é também parte da sessão de meditação, porém, abordaremos isso mais tarde. Se você decidiu realizar a sua sessão de meditação enquanto trafega, apenas faça o seu melhor para permanecer desperto, alerta e com a sua coluna reta.

Qualquer que seja a maneira que você escolha para se sentar, faça seu melhor para mover seu traseiro para trás de você. Isso não apenas força você a se inclinar um pouco para trás para evitar cair para frente, coo também assegura que você não se sente no osso caudal, ou cóccix, no final da sua coluna. Mesmo com uma almofada abaixo de você, isso pode começar a incomodar, ou mesmo resultas na condição dolorosa chamada coccidínia. Esteja você sentado de pernas cruzadas ou em um banco, você deseja sempre se sentir aterrado conforme você se senta firmemente nas tuberosidades isquiáticas (também conhecidas como o assento ou ossos para sentar). Estes são encontrados no final dos fêmures na pélvis. Você provavelmente não está habitualmente consciente destes ossos arredondados devido ao fato de que eles estão confortavelmente cobertos pela carne das nádegas, ou bochechas do traseiro.

Incline-se um pouco para trás, formando um arco com a sua coluna. Os seus ombros devem repousar neste arco, o que significa que o seupeitodeve se ressaltar um pouco. Experimenteencontrar aposiçãoque parece a maisconfortável e que você terá a capacidade de manter confortavelmentepor diversos minutos.

As suas mãos devem tanto estar dobradas acima da sua virilha quanto repousando sobre o seu colo. Você não quer que os seus braços balancem nas suas laterais pois eles puxariam os seus ombros para baixo, o que levaria eles a ficarem doloridos após algum tempo. Novamente, encontre a posição que parece a confortável para você.

Se você está sentado em um banco, mantenha seus pés planos no solo. Não cruzes os seus calcanhares ourepouse umapernasobre a outra. O peso de uma sobre a outra eventualmentecortará a circulação, causando dormência oudor.

Se você preferir se sentar de pernas cruzadas, certifique-se de que a sua perna superior repouse acima do osso do calcanhar logo acima da sua panturrilha. Colocar um osso do calcanhar acima do outro eventualmente causará dor no de baixo.

A regra básica do dedão é esta: se você sentir mais pressão em um lado do seu corpo do que no outro, você não está perfeitamente equilibrado. Experimente e descubra a postura que garante uma pressão igual em ambos os lados do seu corpo. Quanto mais equilibrado você estiver, mais confortável você estará, e menos alguma parte de você tenderá a ficar dolorida ou dormente.

Sua cabeça deve estar ereta. Se vocêinclinou ela demasiadamente para trás oupara frente, você irá restringir o fluxo de ar através da sua garganta. Deixe a sua mandíbula afrouxar um poucode modo que haja um intervaloentre seus dentes superiores e inferiores, porém,certifique-se de manter seus lábios fechados.

Capítulo 6: Determinando a Duração de sua Sessão

Diferentes escolas e professores prescrevem diferentes durações. Tradicionalmente, os mestres de yoga prescrevem sentar-se em meditação por uma hora na manhã e uma hora à tarde antes das refeições.

Antes de seguirmos adiante, isto precisa ser abordado realmente rápido. Após uma refeição, o seu corpo se torna mole uma vez que o mesmo despende uma quantidade tremenda de energia para digerir a sua comida. Se você medita corretamente, você diminuirá a velocidade do metabolismo do seu corpo, que é uma coisa ruim quando ele está trabalhando duro para extrair os nutrientes vitais que ele precisa.

A meditação deveria, portanto, ser feita de estômago vazio. Se você está meditandode manhã, faça-o antes do café da manhã. Se de tarde, faça-o antes do jantar. Dependendodo quão pesada ou levefoi a sua última refeição, você deve aguardarentre duas a três horas após uma refeição antes de meditar.

Então, de volta ao quanto você deve meditar. A resposta realmente depende de você.

Se você acordou muito tarde, se forçar a sentar em meditação não funcionará pois você vai tender a estar estressado sobre o horário de chegar ao trabalho. Se você chega em casa demasiadamente cansado depois do trabalho, a sua mente vai tender a estar concretada apenas em ir para a cama.

A maioria dos meditadores modernos diz que 20 minutos duas vezes ao dia é bom, porém, isto pode ser problemático para alguns. De acordo com o Adhibhamma Pitaka (um texto budista), uma vez que todos são diferentes, o que funciona para um não funcionará para o outro. Cada um deve fazer o que pode no melhor de sua habilidade e em função de sua situação particular. Uma vez que a sua situação muda de dia para dia e de hora em hora, você deve, portanto, se adaptar de acordo.

Se tudo que você consegue é dez minutos por dia, uma vez ao dia, então, isto é o que funciona para você. Se você repentinamente descobre uma hora extra ou mais e realmente deseja se sentar em meditação por todo este tempo, então, isto é o que funciona você naquele dia. O que acontece amanhã é um outro assunto, portanto, deixe de lado. Ninguém está sempre no seu melhor estado. Existem dias emque mesmo o mais saudável e mais ativoatleta deseja apenas ser um aficionado do sofá.

De acordo com os neurocientistas que estudam estas coisas, uma média (grande ênfase em "média") de trinta minutos por dia de meditação regular por oito semanas seguidas é suficiente para realizar mudanças notáveis à fisiologia do cérebro.

O cérebro humano é flexível, o que significa que ele pode ser submetido a mudanças assim como os músculos.

Se você está tentando ser um atleta do cérebro, então, se estenda até 30 minutos de sessão todos os dias por pelo menos oito semanas. Se você não está com pressa (e porque você deveria estar?), então vá com calma.

A chave é a regularidade. Cincominutosuma vez por dia cada diaé muito melhor do que duas sessões de uma hora cada outro diaousemana.

Vocêprecisa ser disciplinadopara reservar o tempo para vocêmesmo, porém,vocêprecisa permanecer flexívelesuave com você mesmo enquanto o faz. Encontrar tempo para meditarnão deve em momento algum ser percebido como um fator estressante.

Capítulo 7: Como Começar a Meditar

Esta é a mais básica, assim como a mais eficaz forma de meditação.

Feche seus olhos e se concentreem cada inalação e exalação. Não infle para forao seu umbigo desconfortavelmente. Apenas inspire tanto ar quanto você se sente confortávelantes de deixá-lo ser expirado novamente. Não retenha a sua respiração. Seu objetivo é a respiração diafragmáticade modo tão normal e natural quanto você consegue enquanto mantém sua concentração em cada inalação e exalação.

Sempre que pensamentos, imagens, sentimentos ou memórias surgirem, simplesmente os reconheça e mantenha a sua concentração na sua respiração. Às vezes é tentador seguir diversos trilhos de pensamento, especialmente aqueles que estão associados a fortes emoções. Isto é algo que você faz diariamente.

Quandovocê está meditando, lembre-se de quevocê está fazendo uma pausada sua maneira habitual de pensar. Mantenha-se focado na suarespiração.

Além de adquirir uma maior consciência do seu corpo, você também observará momentos de coceira. Isso é natural. Alguma partede você está sempre coçando, porém, uma vez que você normalmente está distraído com outras coisas, você frequentemente não observa elas. O momentoque você começa a focar a sua mente, ela perde sua distração e coisas como uma pequena coceira começam a vir à tona.

Não coce.

Enquanto mantém seu foco principalna sua inalação e exalação, direcionealguma atençãoà coceira. Onde ela ocorre? Quão intensaela é? Ela é demasiadamente local ou é mais difusa? Este ponto é a única partede você que coça ou existem outras?

No último caso, então que outras partes de você coçam?

Se possível, não verbalize essas questões. Simplesmente deixe a consciência do seu corpo sobre essas coisas servir como a porção de pergunta e resposta. Quanto menos você verbaliza mentalmente, menores as suas chances de retornar a um posterior diálogo interno.

Caso o diálogo mental surja, elimine-o dizendo mentalmente para você: "coceira".Se vocêmantiver a sua concentraçãona parte que coça, você observará ela diminuir eventualmente. Esta formade meditaçãofoi considerada útilpor aqueles que sofrem de dor crônica.

Ao invés de fugir da dor tomando anestesia, os pacientes que depositam sua concentração primária na respiração e sua concentração secundária na dor, descobrem que o último se torna eventualmente administrável. Limitando o seu comentário mental a uma única palavra, você minimiza o seu apego emocional à sensação e se afasta do mesmo.

Se envolver no diálogo mental faz o oposto. Tira o seu foco primárioda sua respiração e conduz você a uma espiral para baixo que distrai a sua mente. Se você precisa se coçar porque está insuportável, simplesmente pense "coçando".Então, se coce, porém, mantenha o seu foco primáriona sua respiração.

Capítulo 8: Progredindo para um Nível Intermediário

No último exercício, foi pedido que você respirasse de modo tão normal e confortável quanto você poderia, porém, com o seu umbigo e não com o peito. Se você prestou atenção a sua respiração, você observará que algumas vezes você respirou mais profundamente e algumas vezes você o fez mais superficialmente. Em outras vezes, a sua inalação foi mais longa do que a exalação e, algumas vezes, o exato oposto.

Tente fazer isso por uma semana inteira se possível. Todos os exercícios de meditação exercícios deveriam começar com o exercício anterior. Uma vez que você se tornou confortável com mesmo, você deveria elevar a sua sessão em um nível.

Após um minuto ou dois de apenas respirar confortavelmente, permaneça o restantede sua sessão equilibrando a sua respiração. Isso significa quese você inalarem uma contagem lenta de três, você exala em uma contagem lenta de três. Não há necessidade de usarum cronômetro. Os antigos sábios que descobriram a meditação não tinham um.

O sistema baseado no tempo de um-um-mil, dois-um-mil, três-um-mil para cada inalação e cada exalação servirá positivamente. A maioria das pessoas pode inalar e exalar por três segundos cada de modo razoavelmente confortável. Se você não é um desses e se sentir tonto, reduzaa contagem para algo com que você se sente mais confortável.

Tente construir seu caminho até uma contagem lenta de cinco segundospara cadainalaçãoepara cadaexalação. Em momento algumvocêdeve reter a sua respiração. Uma vez que vocêatingir a última contagem de cinco conformevocê inala, deixe a sua parede abdominal contrair-se naturalmenteconforme ele expeleo ar para uma lenta econfortávelcontagem de cinco.

Quandovocê tiver expelidotodo o ar do seu umbigona última contagem decinco, deixe ele se expandirde modo natural econfortávelconforme você inala, novamentepara uma contagem lenta de cinco.

No primeiro exercício, seu objetivo era apenas focar na sua respiração. Neste exercício, o seu objetivo é focar apenas na equalização da sua respiração. A contagem que você usa atua como uma espécie de mantra para concentrar adicionalmente a sua mente e afastar distrações, memórias, pensamentos, sentimentos, sensações, etc.

No que se refere a ambos os exercícios, uma outra parte da sua mente deveria também estar concentrada em manter as suas costas eretas e a sua postura equilibrada. Aqueles que meditam por trinta minutos ou mais algumas vezes sentem que estão inclinando para um lado ou outro mesmo quando eles não estão.

Se isso acontece a você, não abra seus olhos de imediato.

Interrompa a equalização da sua respiração e comece a respirar normalmente. Se você ainda se sente se inclinando para um lado, então, isto é porque você provavelmente está. Faça o ajuste necessário e então, retome a equalização da sua respiração. Ninguém sabe porque exatamente que essa sensação de "inclinação" acontece, porém, existem muitas teorias que precisamos abordar.

Quandovocê tiver terminado de meditar, não abra seus olhoselevante imediatamente. Permaneça ou outro minutooudois deixando a sua respiraçãoretornar ao normal antes de abrir lentamente os seus olhos. Abri-los elevantar imediatamentereduz o efeito calmante da meditação, portanto, vocêdeseja deixar umasessãotão lento esem pressa quanto vocêpossa.

Capítulo 9: Como Atingir a Meditação Ativa

Vocêpode suplementara sua meditaçãosentada despendendoalguns minutoscadadia estando consciente do que você está fazendo.

Quando você come, por exemplo, preste atenção às primeiras três mordidas. Não converse com os outros, respondaàquela mensagem de texto ou olhe ao redor de você. Observe verdadeiramente a sua comida. Quais são seus sabores? Que texturas ela possui? Como é a sua temperatura? Qual o seu aroma? Como você se sente quando ela toca os seus lábios? Quando ela entra na sua boca? Quando você mastiga ela? Quando ela desce a sua garganta?

Faça o mesmo para sua bebida.

Quando você anda, preste atenção às primeiras três etapas. Como seus pés se sentem no sapato? Como você sente o solo? Ele é duro ou macio? Como está a temperatura ao seu redor? Existe uma brisa? Como você sente as suas roupas quando elas atritam novamente o seu corpo? O que você está vestindo?

Vocêpode então deixar a sua menteretornar ao modo automático.

Se você praticou por tempo suficiente, entretanto, a sua mente se torna mais e mais consciente do que está acontecendo ao seu redor. Você se torna mais sensível às coisas, sensações, sentimentos e fenômenos, porém, a sua reação emocional a estes se torna menor.

Se você perder uma sessão sentada de meditação, tente compensar esta perda prolongando a sua prática de meditação ativa. Ao invés de prestar realmente atenção às primeiras três mordidas da sua comida, aos primeiros três goles da sua bebida ou às primeiras três etapas da sua caminhada, concentre-se na sessão inteira.

A próxima vez que vocêse encontrarem uma situação de estressecomo um teste, reuniãooudiscussão, use a meditação ativa. Preste atençãoàs suas sensaçõesfísicas ereações emocionais.

Localize o seu desconforto. O seu coração está batendo mais rápido? As suas mãos estão cerrando nos punhos? Você está suando? Caso sim, muito ou pouco? Onde você está suando? Você está suando mais em algumas partes e menos em outras?
Você está envergonhado? Assustado? Tenso? Todas as reações emocionais têm uma contraparte física. O seu peito está formigando? A sua garganta está apertando? A sua mandíbula está doendo devido aos dentes cerrados?

Não fuja do seu desconforto. Trate-o como você faria com a coceira durante a meditação sentada. Concentre-se nele, localize-o e determine quão forte ou fraco ele é. Quanto mais você puder focar a sua mente em dor e desconforto, mais você pode se separar deles e melhor você lidará com eles.

Conclusão

Apesar de associada ao misticismo e à religião, não existe realmente nada sobrenatural ou mágico sobre a meditação. Os neurocientistas estão descobrindo novas coisas sobre ela todos os dias e o que eles estão descobrindo até o momento é tanto excitando quanto positivo.

A meditaçãoé qualquer exercícioque acalmaefoca a mentede modo que vocêpossa fazer melhores escolhaspara você mesmo, não aquelas com base no instinto, hábito, impulsos ou pressões externas. Não é um fim em si próprio, porém,uma ferramenta que dá a vocêuma escolha: vocêpode tanto viver no mundoquanto vocêpode deixar o mundo viver em você.

Existem muitas formas diferentes de meditaçãodentre as quaisvocêpoderia desejar explorar. Estas incluemmeditaçãocom mantras, com orações, com exercícios físicos e muito mais.

O que quer que você decida, adapte ao que funciona melhor para você e de acordo com as suas necessidades. Faça o quer que você tenha a fazer de modo que você possa despender alguns minutos cada dia na meditação. Os resultados são surpreendentes.

Parte 2

INTRODUÇÃO

Eu quero agradecê-lo e congratulá-lo por baixar esse livro.

O que é a meditação? A definição aceita de meditação é a seguinte:

A indução de um estado de consciência no qual uma pessoa aparentemente perde o poder de ação voluntária e é altamente responsiva ao direcionamento. Seu uso em terapias, tipicamente voltada para a recuperação de memórias suprimidas ou para permitir modificação de comportamentos através de sugestões, tem sido revivido mas ainda é controverso.*

Isso te causou sono como causou em mim? Bom, nós vamos chegar ao fundo dessa habilidade altamente valiosa e sem limites, fugindo de uma definição branda. Nesse livro, será proposta uma abordagem meditativa que é mais simples de se conectar e também mais poderosa.

Prepare-se para aprender a meditação, que, de acordo com experts, pode levar anos para se dominar, mas que se tornará uma aplicação de "alguns minutos por dia" para você conforme o plano delineado é seguido. E a melhor parte é que você dominará a meditação nos seus próprios termos! Obrigado novamente por baixar esse livro, espero que goste dele!

CAPÍTULO UM – POR QUE MEDITAR, EM PRIMEIRO LUGAR

As razões para meditar são tão variadas quanto as pessoas. Adentar nessas razões necessitaria de capítulos sem fim detalhando todas as diferenças, nuances e detalhes pertinentes para combinar com cada leitor possível que se possa imaginar. E no fim disso tudo, nós teríamos justificado os meios mas não teríamos consolidado uma conexão com você, querido leitor.

Esse livro ousa transformar a prática da meditação em algo comum para todos.

Antes disso acontecer, precisamos retirar um obstáculo muito comum do caminho. Quando ele for esclarecido, será criada um momento oportuno para todas as idades fazerem uso e aproveitarem. Qual é o nome do obstáculo? É chamado de "o problema da sugestão" (em nossas mentes); bem, são dois obstáculos. Eles se unem e funcionam como um só. O que quero dizer é que sugestão e mente não podem funcionar separadamente. Eles simplesmente trabalham juntos.

Mas por que existe um "problema de sugestão"?
A próxima seção explicará isso e, portanto, detalhará o que é necessário para fazer nossas mentes cooperarem com a sugestão e, por fim, criar uma meditação poderosa.

Habilidade sugestiva

Como seres humanos, somos feitos para resistir ao que não faz sentido. Nosso cérebro consciente é nosso filtro para nos proteger do que vem de fora, do estranho, do inexplicável etc. Então, para você e eu, temos que concluir que nossos cérebros são como armadilhas de metal, deixando entrar apenas o que preferimos o que faz sentido para nós. Isso é real, é o que fazemos.

Quando queremos realmente mudar ou considerar algo de forma diferente, o que é preciso para ir além dos limites mentais? O que é preciso para mudar nossas próprias mentes? Alguns poderiam sugerir a utilização de música, histórias, filmes e outras formas de entretenimento para chegar lá. Por quê? Porque, quando diferentes formas de entretenimento entram em nossas vidas, nossas mentes abaixam esses portões e permitem que as sugestões entrem, ainda mais se realmente gostarmos de entretenimento. Nós podemos chegar em algum lugar se usarmos esse exemplo. Lembra-se do seu filme ou programa de TV favorito? Pense por um momento. Ao assistir ou ouvir algo, você se senta e começa a notar todos os defeitos do programa? Provavelmente não, e por que não? É porque o que quer que esteja assistindo te entretém com risadas, suspense ou te prende de outra maneira divertida e suspende seus julgamentos ou pensamentos críticos pela duração do programa de TV ou filme. Isso acontece com todo mundo. Quando o programa ou filme acaba, sua mente retorna às tendências de pensamento crítico, filtrando a realidade novamente. Os portões mentais retornam para proteger você e o que é aceito no seu mundo. Esse conhecimento é muito poderoso. É mais poderoso ainda ter consciência do como e quando essa transição do pensamento crítico para a aceitação das sugestões aconteceram. Mantenha isso na cabeça conforme seguimos em frente.

Nós temos que encarar o problema da habilidade sugestiva quando estivermos longes de *meios de entretenimento** para que possamos mudar nossa mente à vontade.

*Isso pode significar qualquer coisa que abre nossas mentes, não apenas entretenimento.

Para isso, vamos detalhar o que nos torna abertos a sugestões – o estado no qual não estamos mais filtrando o que vemos, ouvimos ou sentimos. Primeiramente, vamos olhar como somos afetados pelo entretenimento e o que ele faz por nós. Nossas emoções são acionadas até certo ponto quando rimos, choramos etc., em uma situação onde o julgament foi suspenso por milissegundos. Segundo, logo antes dessa suspensão de julgamento, nossas mentes enfrentam esse acionamento emocional e então o aceita. Isso acontece muito rapidamente. Quando aceitamos o acionamento emocional, nós relaxamos, nossos corpos seguem o fluxo, uma pequena quantidade de endorfina e adrenalina entra em nossa corrente sanguínea e nossa capadidade de aceitar sugestões aumenta, quer percebamos isso ou não. Terceiro, nossas emoções, mente e corpo agora seguem a influência com base química interna e aceitamos novas ideias e experiências. Isso é completamente normal para nós como seres humanos. Nos dias atuais e na era atual, quando nossas vidas são cada vez mais atarefadas, nossas mentes racionais dispensam a habilidade sugestiva e comandam nossas vidas. Isso também é normal. Esse liga e desliga da mente é uma mudança sutil entre o racional e a habilidade sugestiva da nossa mente. Ser capaz de alternar entre o racional e a habilidade sugestiva por vontade própria e conscientemente é algo que podemos aprender a fazer. Então, como alcançamos isso?

Bem, podemos começar com o fato de que essa mudança entre a habilidade sugestiva e o pensamento racional é natural e passivo.

Para ir do pensamento consciente para o pensamento inconsciente (habilidade sugestiva), normalmente deixamos nossa emoção nos guiar (por exemplo, TV, cinema, outras mídias e opções de entretenimento etc). Isso é passivo (ou seja, é feito por nós, no nosso lugar). E se nós tomássemos o controle da habilidade sugestiva além das influências baseadas em mídia? Que benefícios podem ser obtidos disso? Para listar alguns, pode significar mudança de comportamento, escolhas, alteração de hábitos etc. Para muitos, mudanças nesse sentido seriam consideradas um milagre pessoal. É possível. Sim, é possível que você tenha controle sobre esse processo. Então agora vamos utilizar esse exemplo da sua forma favorita de entretenimento. Vamos dizer que você gosta de relaxar com música e aceita esse efeito tranquilizante. Sua mente vaga por aí à vontade, permitindo que você se sinta bem, desestressado e mais como si mesmo. E se eu dissese que você pode, por vontade própria, manejar o *efeito* da música em sua própria mente e relaxar para ser mais aberto a sugestões *sem o uso de música*?

Você pode se perguntar por que não iria querer a ajuda da música. Pode ser que o acesso a músicas de sua escolha não seja possível vinte e quatro horas por dia. MP3 estão largamente disponíveis hoje em dia, mas é rara a ocasião onde qualquer pessoa esteja constantemente conectada a um aparelho MP3. E se você quisesse mudar um comportamento dentro de 5 minutos ou menos e não tivesse acesso ao seu MP3? Ele não ajudaria. Além disso, dissemos que música é uma maneira passiva (o que significa que ela guia seus pensamentos) de relaxar, nos fazendo entrar em um estado de habilidade sugestiva. *Também dissemos que queremos a habilidade de mudar um hábito, sentir outra emoção e outros em seus próprios termos, o que é ativo e voluntário.* Para isso, temos que criar um ambiente de habilidade sugestiva para nós mesmos e esse ambiente deve se adaptar a nós para que possamos usar nossa nova habilidade quando e onde estivermos.

CAPÍTULO DOIS – PREPARANDO AS CONDIÇÕES PARA A HABILIDADE SUGESTIVA

A habilidade sugestiva é amplamente determinada pelo fluxo sanguíneo desimpedido. Atividades para acelerar ou desacelerar o fluxo sanguíneo são:

- Álcool
- Medicação excessiva
- Alimentação pesada
- Lanches cheios de carboidratos
- Lanches recheados de açúcar
- Qualquer coisa como os itens acima

Fique tão livre das influências acima quanto possível antes de descobrir a habilidade sugestiva. Aqui está o necessário para começar: uma cadeira confortável com descansos para os braços (se possível), um local sem perturbações, você mesmo, uma vela que pode ser acendida em segurança (opcional) e uma janela que permita a visualização do céu noturno (se possível). O que você notará imediatamente é que se trata de uma abordagem pragmática que não envolve nenhuma experiência misteriosa ou mágica. Outros livros vão explorar esses assuntos mas esse livro não entrará em tais questões por causa da necessidade prática de tornar a habilidade sugestiva em algo imediatamente acessível para você sem que requeira rituais ou coisas do tipo.

Então, presumindo que já esteja acomodado em uma cadeira confortável, com os pés quentes e plantados no chão, as mãos nos descansos para os braços ou nas coxas, à noite em uma área sem perturbações, garanta que suas roupas não estejam apertando o corpo. Além disso, você pode querer também acender uma vela enquanto se mantém voltado para o céu noturno. Agora está preparado para desenvolver sua habilidade sugestiva. Foque em sua respiração.

Respiração

Quando estamos relaxados, nossa respiração também está, há um padrão natural de respiração que simplesmente acontece sozinho. Então, o primeiro passo é apenas relaxar e respirar naturalmente. Você pode fazer isso se acomodando no seu ambiente porque você o arrumou de acordo com seu gosto. Apenas respire por volta de cinco minutos. É fácil controlar a duração, apenas faça uma estimativa da passagem do tempo. Não há necessidade de cronômetros ou semelhantes. Fique à vontade sobre manter os olhos abertos ou fechados. Você terá a sensação de relaxamento da cabeça aos pés. Se não conseguir relaxar, tente o seguinte: gradualmente tensione os dedos dos pés e relaxe (mas não até doer ou dar cãimbras). Faça o mesmo com os pés, tentando encostar os dedos nas canelas e solte (eles não encostarão mas a ideia é essa). Tensione cada grupo muscular separadamente e relaxe à vontade até o topo da cabeça. Não existe jeito certo ou errado. Essa é a técnica geral.

Em algum momento, enquanto faz esses esforços, seu corpo relaxará sozinho ao mesmo tempo que sua mente. É muito importante *não* cair no sono. Se acabar dormindo, terá que começar de novo em outro momento. O motivo é que, quando o corpo está preparado para dormir, ele se aproveitará de qualquer oportunidade que surgir. Lugar contra a tendência a dormir é simplesmente contra produtivo e causa resultados piores que os desejados com esse método. Então, preste atenção a você mesmo e o nível de relaxamento do seu corpo.

O que você precisa saber é do Momento-Chave de quando está relaxado. Então rapidamente se pergunte o que o levou até ele. Pode ter acontecido alguns minutos depois da respiração natural, por pensar em algo legal que aconteceu durante o dia, uma combinação de pequenos acontecidos que instantaneamente o acalmaram. O que quer que tenha sido a causa do relaxamento, anote para que possa servir como referência posterior. Quando o Momento-Chave do relaxamento for identificado, você terá descoberto uma oportunidade para se tornar aberto a sugestões por vontade própria.

DICAS ALTERNATIVAS

Você pode tentar alcançar esse estado quando assistir seu programa favorito.

Aviso: os programas que contém muita ação, adrenalina e risadas persistentes podem não funcionar porque fazer sua energia escalar muito rapidamente, acabando com o relaxamento.

Escolha um programa com um grau médio de estímulo para te manter interessado e não entediado. Quando você pratica relaxar assim, ninguém saberá além de você. Perceba o Momento-Chave em que você relaxa e se pergunte o que causou a diferença. Anote para que possa servir como referência posterior. Ao fazer a identificação, poderá integrar esse momento no nosso próximo passo, que é a hipnose.

O que é a hipnose? De acordo com o Wikipedia, hipnose foi definida como "um estado psicológico especial com certos atributos psicológicos, superficialmente semelhantes ao sono e marcados por um funcionamento do indivíduo em um nível de percepção alheio ao do estado consciente original". Você fará isso e já aprendeu a fazer, de certa forma. Aqui é onde iremos dar mais um passo em frente sem a assistência de um terapeuta, amigo, áudio externo ou fontes de mídia. Mas antes, vamos voltar um pouco e checar como estamos.

Pergunte a si mesmo: O que eu verdadeiramente e honestamente quero mudar em minha, na minha vida etc.? A chave aqui é ser completamente honesto. Sua resposta não deveria vir apenas da cabeça, ou da barriga, ou do coração. Um exemplo seria "Eu quero perder 13,5kg em 6 semanas". Essa ideia será esquecida amanhã, a emoção terá ido embora ou mudará. Então, como decidir? Sua decisão deveria ser consistente entre sua barriga, seu coração, seu cérebro. Sua barriga, coração e cérebro te dizem que é realmente hora de perder 13,5kg em 6 semanas? Tenha bastante certeza que todo o seu ser quer o que quer e nada menos que isso. Por que fazer isso? Seu cérebro, barriga e coração vão acreditar em você quando dizer para si mesmo para "mudar" em seu "ponto de habilidade sugestiva" dentro do seu trabalho de auto-hipnose. Mas o que você dirá a si mesmo para mudar?

Capítulo Três – O que dizer a si mesmo

Muitas vezes, alguém se questionará "O que eu digo a mim mesmo?". Isso depende muito de você e daquilo que quer realmente mudar. Algumas mudanças comuns que as pessoas mencionam são:

• Perda de peso;
• Pensar de forma mais esperta;
• Ficar feliz;
• Na verdade, qualquer coisa

O problema com esses comandos é que elas são muito amplas e genéricas. Faça uma afirmação verdadeiramente específica ao se dirigir a si mesmo pelo nome e, então, diga/pensa no comando. Torne o que você quer fazer acreditável e possível de ser feito. Por exemplo: Bill, perca 2kg em 3 semanas, devagar; Shirley, foque-se e pense claramente sobre suas prioridades, hoje; Sam, sinta-se mais feliz sobre ter um emprego e uma família, agora. Quanto mais específico, acreditável e pessoal você for consigo mesmo, melhor o resultado. Regra de ouro: o que você diz a si mesmo deve, idealmente, ter não mais de dez palavras. Seja o mais específico possível. Nossos cérebros se atentam a especificidades e comandos simples, então, a menos que esteja acostumado a comandos complexos, procure manter tudo simples. E, quando estiver construindo seus comandos pessoais, faça com que seja algo que ninguém mais sabe. Não diga nada a ninguém. Isso vai ampliar o efeito no seu cérebro e também o impacto positivo da auto-hipnose.

Capítulo Quatro – O método da auto-hipnose

LEMBRETE IMPORTANTE

A habilidade sugestiva e a auto-hipnose são amplamente determinadas pelo fluxo sanguíneo desimpedido para o cérebro. Alimentos conhecidos por desacelerar ou acelerar o fluxo sanguíneo para o cérebro são:

• Álcool
• Medicação excessiva

• Alimentação pesada

• Lanches cheios de carboidratos

• Lanches recheados de açúcar

• Qualquer coisa como os itens acima

Após se certificar que não está sob o efeito de qualquer dos itens acima, você está pronto para o método da auto-hipnose.

Então, presumindo que está confortável em uma cadeira, com os pés quentes e plantados no chão, as mãos repousadas nos descansos para os braços e em uma área sem perturbações por, pelo menos, trinta minutos, assegure-se que sua roupa esteja solta. Além disso, talvez queira acender uma vela enquanto observa o céu noturno.

Você se preparou antes e levou um tempo para descobrir seu momento de habilidade sugestiva e afirmação pessoal para mudar, seja de forma grande ou pequena mas realisticamente. Com isso em mente, mantenha um estado de respiração natural até que sinta – realmente sinta – aquele momento de habilidade sugestiva. Para chegar lá, talvez queira seguir um padrão de respiração específico como esse:

a) Respire bem lentamente, contando até quatro
b) Pare de respirar, contando até dois
c) Solte a respiração lentamente, contando até oito

Pode parecer uma ação consciente demais, no início, mas após algumas respirações dessa maneira você perceberá sua noção de tempo tomando o controle instintivamente, então sua contagem mental sumirá e sua respiração se tornará automática. Mas por favor, não force-a ou ignore-a. Dê a ela uma atenção gentil, foque e ela irá acontecer. Seja paciente consigo mesmo, você se sairá bem.

Conforme respira assim, sentirá sua mente espiralar, pensamentos indo e vindo, com cores persistentes girando atrás de suas pálpebras ou pode experimentar algo totalmente diferente. Isso é bom, continue assim. Chegará o momento da habilidade sugestiva, quando os portões de sua mente estiverem abertos e preparados para um comando ou diretiva do seu eu interior. Ao perceber esse momento de abertura, gentilmente diga a si mesmo seu comando ou diretiva. Às vezes é melhor sussurrar de uma forma que se possa ouvir ou dizem em voz alta ou apenas pensar. Escolha o que achar melhor.

Lembrete – O que você diz a si mesmo não deve passar de dez palavras. Seja o mais específico possível. Nossos cérebros prestam atenção em especificidades e comandos simples. Então, a menos que esteja acostumado a comandos complexos, mantenha-os simples.

Quando acabar, simplesmente se permita pegar no sono ou gentilmente mova seus pés e mãos e retorne à consciência plena para seguir em frente com seu dia ou noite. Parabéns, você acabou de se hipnotizar. Bom trabalho.

Por quanto tempo deve fazer isso?

Faça esse método diariamente, por trinta minutos a cada vez, por pelo menos vinte e um dias, que é o tempo provado para que um novo hábito seja formado. Esse método leva tempo para dominar. Quando estamos mudando direcionamentos mentalmente, temos que ser persistentes e ir com calma, sem pressa. Então, acredite nessa realidade, esse é o seu caminho para tomar o controle de volta... gradualmente. Seu cérebro está ganhando o benefício de ir para a direção que você apontar com um simples comando diário. O que mais você pensa, mais você fará. Esse programa garante sua nova direção.

Vamos nos aprofundar em mais métodos envolvidos. Por favor, perceba que todos esses métodos têm a mesma preparação exceto por alguns detalhes adicionais. Está preparado?

Capítulo Cinco – Métodos mais curtos

Agora que dominou os vinte e um dias do método de meditação de trinta minutos, você está pronto para métodos mais curtos. Agora você fará o mesmo método em uma sessão de vinte minutos. Mas espere, isso vai simplificar ou tirar a força do efeito? Não, não vai. O tempo levado para iniciar o método de trinta minutos tinha a intenção de adaptar sua mente consciente para um novo método de fazer algo. Você será como aquela pessoa que malhou uma hora por dia por um ano e se tornou tão boa nisso que, agora, consegue malhar por vinte minutos por dia e ainda assim melhorar. É a mesma abordagem mas não levará um ano, nem mesmo seis ou três meses. Pense… um pouco mais de um mês.

Vamos dizer que você aceita esse método como um bebê aceita a mãe, seria possível acelerar o seu progresso? Ei, espere um momento. Seu cérebro precisa de tempo, não apresse as coisas. Se o fizer, seu cérebro agirá como uma criança agressiva e parar de responder. Então, por favor, faça um favor a si mesmo e honre a abordagem dos vinte e um dias com trinta minutos por dia. Em seu vigésimo segundo dia, considere diminuir o tempo para vinte minutos por dia, esse pode ser o seu objetivo.

Marque em seu calendário vinte e dois dias a partir de agora. Quando chegar nesse ponto, por quanto tempo deve fazer o método diário de vinte minutos? Por dez dias. Após esses dez dias, diminua para dez minutos por dia por cinco dias. Após esses cinco dias, diminua para cinco minutos por dia por dois dias. Você treinou seu cérebro para chegar a esse ponto, então leve em consideração o poder que adquiriu em menos de um mês e meio! Gurus e mestres de meditação insistem que esse processo leva anos, mas você alcançou esse ponto de forma diferente e poderosa para si mesmo em seus próprios termos. Excelente trabalho!

Outros métodos

Existem inúmeros métodos para escolher na hora de meditar, mas a maioria deles oferecem meios passivos para a meditação, como meditações por áudio ou por vídeo, que são fáceis de se encontrar e usar. Além disso, o poder de conhecer a si mesmo na hora de usar essas fórmulas de meditação mais comuns podem te colocar a anos-luz a frente dessas técnicas de meditação passivas populares. Mas vamos ser bruscos por um momento: meditação não pode ser feita por você. Participação faz tudo valer a pena, então por que não participar 100%? Em menos de dois meses, é possível dominar a meditação em seus próprios termos. Nenhum outro programa de meditação passiva pode se gabar disso, então prove a si mesmo que essa abordagem solidifica seu melhor caminho. Pegue o caminho da gentileza em direção a conhecer sua mente um pouco mais e faça isso trabalhar junto com a meditação, alcançando os objetivos que você sabe que pode alcançar. Vamos explorar mais opções de técnicas de meditação.

O Método do Vampiro

Esse método não é realmente para vampiros, mas o usuário precisa ser verdadeiramente uma criatura noturna para suportá-lo. Demanda paciência, prática e tempo consideráveis. Existem "momentos oportunos" para instigar sua mensagem pessoal quando usar essa técnica, o que significa repetir o seu comando direcionado a si mesmo em momentos específicos durante esse método.

O que será necessário para o Método do Vampiro:

- Três velas
- Giz
- Um robe/roupão de qualquer cor com capuz
- Sua mensagem em um papel
- Uma foto representando sua mensagem (opcional)

O Método do Vampiro:

Então, presumindo que você já está em uma posição sentada com as pernas cruzadas, as mãos na parte de cima das coxas, num local quieto e sem perturbações por pelo menos sessenta minutos, assegure-se que sua roupa esteja solta, o que requer o roupão (garantidamente solto se for de um tamanho maior). Além disso, talvez você queira acender as velas enquanto se mantém virado em direção à lua. A razão para as velas é para focar sua visão em cada uma, elevando a concentração em momentos específicos. Tenha certeza de que NÃO causará nenhum acidente com fogo. Se tiver a sensação de que causará, use velas que não dependem de chamas, disponíveis atualmente. A versão escrita de seu desejo mais profundo deve estar no papel (ou em uma foto) e próxima, para referência visual. Por favor, perceba que o Método do Vampiro é mais sobre sua respiração e auto-consciência do que qualquer outra coisa. É feito para aqueles que estiverem preparados para estarem verdadeiramente comprometidos pelas noites a vir.

Outras preparações:

O giz é para desenhar um círculo largo o suficiente para que você possa pisar dentro e sentar confortavelmente, com as velas acesas lado a lado e na sua frente; a versão escrita ou foto do seu desejo estará diretamente em sua frente no chão. Você estará virado em direção à lua. Entenda que nem sempre a lua estará visível e o clima nem sempre pode estar perfeito. Caso o clima te interrompa a permanecer do lado de fora, fique o mais próximo possível de uma janela para fazer uma simulação. Por favor, faça isso apenas se necessário.

O horário de 3h (da manhã) é conhecido pela momento de quietude e serenidade, quando as energias da terra estão em sua menor atividade e frequência. Isso permite que sua mente absorba cada palavra direto para seu cérebro e, novamente, requer atenção, esforço perfeito e concentração absolutos.

O Método do Vampiro em passos:

1) Às 2h45 (da manhã), vista seu roupão confortável garantindo que permaneça solto e a facilidade para se sentar e levantar com elevando

2) Encontre uma clareira, preferencialmente dentro de uma área com árvores. Se não for possível, um quintal ou uma clareira de terra com mais ou menos 1 metro de comprimento e largura devem ser suficientes. Estar em contato com o solo é necessário.

3) O solo seco permitirá que você desenhe um círculo com o giz. Não se preocupe com a visibilidade do círculo. O giz pode não estar visível conforme faz o desenho no chão, está tudo bem.

4) Quando estiver no círculo, acenda as velas, se certificando da direção da lua, mesmo que não consiga vê-la. Estime a posição dela.

5) Coloque a versão escrita (ou fogo) do desejo diretamente em sua frente para referência visual.

6) Relaxe mantendo a coluna ereta, cabeça elevada, ombros relaxados e a caixa torácica encaixada e alinhada entre os quadris.

7) Seus olhos ficarão fechados durante a primeira parte dessa meditação.

8) Sua respiração pelos primeiros minutos será suave. Nesse ponto, já deve ser 3 da manhã.

9) Quando estiver preparado e acomodado (você saberá por que você irá se acalmar por completo), sua respiração agora acompanhará um padrão de tempo. Você respirará até a contagem de dez segundos. Pause por dois segundos e então leve 30 segundos para exalar. Não force esse processo, deixe acontecer com naturalidade. Você repetirá esse método de respiração dez vezes. A duração total disso será de sete minutos.

10) Em algum momento, olhe para sua versão escrita (ou foto) do desejo.

Mantenha-o na mente. Comande a si mesmo esse desejo.

11) Após isso, leve dois minutos relaxando de volta a respiração normal.

12) Você, então, repetirá os passos nove ao onze por um total de dez vezes, o que levará um total de uma hora.

13) Quando acabar, gentilmente e vagarosamente levante seus braços, reintroduzindo a circulação ao corpo. Então, levante bem devagar, mantendo o equilíbrio. Limpe seu espaço. Não deixe marcas de sua presença.

14) Quando for feito corretamente, será 4 da manhã e você poderá voltar para sua cama.

15) Repita o processo todas as noites por um mínimo de trinta noites.

Objetivos e resultados associados ao Método do Vampiro:

- Percepção elevada
- Níveis de confiança amplificados
- Memória melhorada
- Respiração melhorada

- Clareza de pensamento
- Uma calma poderosa
- Pensamentos rápidos e facilidade para rir
- Auto-estima elevada
- Rápida mudança pessoal
- Incontáveis outros benefícios

Até o momento, não há uma versão modificada desse método. Uma hora de dedicação por noite ainda é rápido no munda da dedicação. Qualquer coisa mais demorada tende a tensionar. Evite tensão. Dentro de um mês, sua mente se tornará sua melhor amiga de formas que só você pode descrever. Os próximos métodos salientarão durações mais curtas de meditação.

Método Plano

NOTA – Você perceberá como o formato de cada método é bastante similar. As maiores diferenças serão mais sobre postura, local, acessórios e tempo de prática. Presumindo que já esteja confortável em uma cama, com os pés quentes e as mãos nas laterais, em um local quieto e sem perturbações por pelo menos quinze minutos, garanta que sua roupa usada à noite está solta ou não vista nada. Se possível, deite-se com os pés virados para a lua. Você já se preparou antes e teve tempo para descobrir seu momento de habilidade sugestiva e sua afirmação pessoal para a mudança. Mantenha isso em mente junto a um estado de respiração natural até que sinta – realmente sinta – o momento da habilidade sugestiva. Para chegar lá, pode querer seguir um padrão de respiração como esse:

a) Respire bem lentamente, contando até oito
b) Pause sua respiração por uma contagem natural até quatro
c) Solte a respiração devagar, contando até vinte
d) A cada vez que fizer isso, imagine que cada parte de seu corpo possui luz entrando
e) Quando puder imaginar a luz entrando em seu corpo, é hora de sussurrar ou pensar em sua afirmação pessoal

O risco óbvio aqui é cair no sono. Você saberá que esse método é efetivo quando puder fazer esse Método Plano (sem cair no sono durante a prática) todas as noites por trinta noites consecutivas.

Se estiver sentindo qualquer um dos seguintes, pare o método:

• Exaustão mentalmente
• Exaustão física
• Exaustão emocional
• Doença

Esse método provavelmente será algo que você usará após vários meses de meditação regular. Se começar dessa forma, assim como em muitos outros, dormir acabará com o efeito, o que significa que existe uma perda de interesse e fé no processo, então execute esse método após muitos meses de prática.

Benefícios desse método incluem:

• Imunidade melhorada (ou seja, períodos mais longos de tempo com saúde)
• Sono mais profundo

- Cura e recuperação mais rápidas (ou seja, desde estresses do dia a dia, demandas de exercídios regulares etc.)
- Níveis de estresse menores
- Incontáveis benefícios associados com a melhoria do sono

Métodos Ainda Menores

Aqui vai uma coleção de técnicas menores.
NOTA – Os métodos a seguir requerem maestria no Método da Auto-hipnose. Se a auto-hipnose for ignorada, seus resultados com esses métodos menores não poderão ser tão poderosos. Essa mudança de formato sugere uma aplicação desses métodos capaz de ser feita em qualquer lugar. Por favor, utilize as precauções usuais, ou seja, não utilize as meditações quando estiver dirigindo ou operando maquinário pesado ou qualquer coisa que requeira responsabilidade mental intensa. Às vezes, relaxamento atrapalha a alta performance, dependendo da situação. Além disso, cada método foi cuidadosamente pensado de forma que você só possa escolher UM por

dia. *Esses métodos não estão listados de forma que sejam seguidos um após o outro no mesmo dia.* Escolha um por dia de acordo com o tempo que tiver disponível.

Sessão Matinal

Meditação de alongamento

Quando acordar, tente o seguinte:

1) Gentilmente alongue braços e pernas, mexendo e acordando os dedos dos pés
2) Relaxe
3) Repita até dez vezes no seu próprio ritmo, sem pressa
4) Descubra um relaxamento agradável e mantenha-se nele
5) Pense imediatamente no seu Momento-Chave e concentre-se na versão escrita do desejo (ou na foto)
6) Mantenha a visão da versão escrita do seu desejo (ou foto)
7) Repita até que quinze minutos tenham se passado
8) Respire normalmente e comece seu dia

Intervalo no Meio da Manhã

Método dos olhos abertos

A melhor parte desse método é que ninguém saberá o que está fazendo. Certifique-se de ler os passos a seguir e compreenda-os por completo antes de executar a técnica. Use esses passos:

1) Levante ou sente em algum lugar confortável, após pedir para ficar sozinho, se necessário
2) Olhe para algum ponto distante
3) Desfoque a visão sobre um objeto na altura dos olhos
4) Respire por uma contagem de cinco segundos completos
5) Pause por uma contagem de cinco segundos completos
6) Solte a respiração por uma contagem de cinco segundos completos
7) Repita dez vezes
8) Três minutos devem ter se passado

9) Retorne o foco dos olhos e normalize a respiração
10) Olhe novamente para algum ponto distante
11) Foque a visão em um objeto na altura dos olhos
12) Respire por uma contagem de cinco segundos completos
13) Pause por uma contagem de cinco segundos completos
14) Solte a respiração por uma contagem de cinco segundos completos
15) Repita isso dez vezes
16) Três minutos devem ter se passado
17) Sinta seu Momento-Chave e pense na versão escrita de seu desejo (ou foto)
18) Repita os passos 1 ao 17 até que quinze minutos tenham se passado
19) Respire normalmente e continue seu dia

Intervalo do Almoço

Esse é um momento peculiar do dia para a meditação. Por essa razão, será uma sessão leve. Siga os seguintes passos:

1) Sentado, relaxe cada músculo ao tensioná-los (evite cãimbras) e soltá-los. Isso garante sua conexão entre corpo e mente para que encontre a tensão e a solte.

2) Gentilmente foque sua mente em áreas tensas do seu corpo e imagine uma luz azul entrando esse ponto tenso do seu corpo. Pensar na cor azul tranquiliza.

3) Sua respiração está natural o tempo todo; a meditação ainda não começou. Você está se preparando

4) Respire por uma contagem de cinco segundos completos

5) Pause por uma contagem de cinco segundos completos

6) Solte a respiração por uma contagem de cinco segundos completos

7) Repita isso cinco vezes

8) Um minuto e meio deve ter passado a essa altura

9) Repita os passos 4 ao 6

10) Respire normalmente e continue seu dia

11) Escolha qualquer momento durante essa sessão para pensar sobre seu desejo

Intervalo no Meio da Tarde

Esse método é semelhante ao meio da manhã, com uma diferença.

Método dos Olhos Fechados

A parte importante desse método é que alguém deve saber que você está descansando os olhos e não dormindo. Certifique-se de que não achem que está dormindo se seus requisitos de trabalho são específicos sobre isso. Certifique-se também de ler os passos a seguir e compreendê-los completamente antes de executar a técnica. Use os seguintes passos:

1) Levante-se ou sente-se em algum lugar confortável, após pedir para ficar a sós, se necessário
2) Feche o solhos
3) Respire por uma contagem de cinco segundos completos
4) Pause por uma contagem de cinco segundos completos

5) Solte a respiração por uma contagem de cinco segundos completos
6) Repita isso dez vezes
7) Três minutos devem ter se passado
8) Abra os olhos e corrija a visão, então, quando estiver preparados
9) Respire por uma contagem de cinco segundos completos
10) Pause por uma contagem de cinco segundos completos
11) Solte a respiração por uma contagem de cinco segundos completos
12) Repita isso dez vezes
13) Três minutos devem ter se passado
14) Sinta seu Momento-Chave e pense em sua versão escrita do desejo (ou foto)
15) Repita os passos 1 ao 17 (? Mas os passos só vão até o 16) até que quinze minutos tenham se passado
16) Descanse os olhos abertos, respire normalmente e continue seu dia

Métodos Avançados

Os métodos a seguir são voltados para tarde da noite e o período de 3 da manhã. Dessa

vez vamos dispensar roupões, velas, giz e o desejo escrito (ou foto). O objetivo dessas sessões é acordar a mente subconsciente. Você pode estar se perguntando se todos os métodos até esse ponto teriam atingido esse objetivo. Só você sabe a resposta. Meu ponto é: se sentiu uma mudança positiva significativa em sua energia, atitude e bem-estar gerais, você realmente ativou partes do subconsciente para melhor. Como isso não é um livro de ciência, é suficiente dizer que melhorar a mente subconsciente é algo muito saudável para se fazer regularmente. Dê uma olhada nesse website para mais: http://richawriter.hubpages.com/hub/3-Tips-for-Controlling-the-Subconscious-Mind
As sessões seguintes são voltadas para serem feitas sentado em uma cadeira muito confortável com descansos para os braços.

Método dos Dois Dedos e Uma Mão

Aqui vai uma lista de preparos mais uma vez:

1) Sentado, relaxe cada músculo ao tensioná-los (evite cãimbras) e soltá-los. Isso garante sua conexão entre corpo e mente para que encontre a tensão e a solte.
2) Gentilmente foque sua mente em áreas tensas do seu corpo e imagine uma luz azul entrando esse ponto tenso do seu corpo. Pensar na cor azul tranquiliza.
3) Sua respiração está natural o tempo todo; a meditação ainda não começou. Você está se
preparando
4) Mantenha seu corpo totalmente reto contra a superfície da cadeira, com os pés no chão. Nesse ponto, você irá, conscientemente, levantar os médio e anelar da mão ESQUERDA apenas. Deixe os dedos levantados o tempo todo até o fim da sessão. Você pode sentir eles pesados e caindo. Faça seu melhor. Seu objetivo aqui é mantê-los levantados durante a sessão. Se eles caírem, o benefício da sessão se foi, com a exceção dos benefícios dos passos restantes e você não acessará sua mente subconsciente com a profundidade de antes. O ponto é alcançar o relaxamento máximo

com esses dedos levantados. Essa é uma conexão maior e mais profunda entre sua percepção usual (consciência) e sua mente subconsciente

5) Feche os olhos
6) Respire por uma contagem de quinze segundos completos
7) Pause por uma contagem de cinco segundos completos
8) Solte a respiração por uma contagem de quinze segundos completos
9) Repita isso dez vezes
10) Seis minutos devem ter se passado
11) Abra os olhos e corrija a visão, assegurando que os dois dedos ainda estejam levantados e, quando estiver preparado
12) Respire por uma contagem de quinze segundos completos
13) Pause por uma contagem de cinco segundos completos
14) Solte a respiração por uma contagem de cinco segundos completos
15) Repita dez vezes
16) Seis minutos devem ter se passado

17) Sinta seu Momento-Chave e pense na versão escrita de seu desejo
18) Isso é muito poderoso. Você deve estar totalmente acordado ou pronto para dormir
19) Permaneça acordado ou vá dormir em algum momento

O Método dos Dois Dedos e Ambas as Mãos

As sessões seguintes são voltadas para serem feitas sentado em uma cadeira confortável com descansos para os braços. Aqui vai uma lista dos preparos mais uma vez:

1) Sentado, relaxe cada músculo ao tensioná-los (evite cãimbras) e soltá-los. Isso garante sua conexão entre corpo e mente para que encontre a tensão e a solte.
2) Gentilmente foque sua mente em áreas tensas do seu corpo e imagine uma luz azul entrando esse ponto tenso do seu corpo. Pensar na cor azul tranquiliza.

3) Sua respiração está natural o tempo todo; a meditação ainda não começou. Você está se preparando

4) Mantenha seu corpo totalmente reto contra a superfície da cadeira, com os pés no chão. Nesse ponto, você irá, conscientemente, levantar os médio e anelar em AMBAS AS MÃOS. Deixe os dedos levantados o tempo todo até o fim da sessão. Você pode sentir eles pesados e caindo. Faça seu melhor. Seu objetivo aqui é mantê-los levantados durante a sessão. Se eles caírem, o benefício da sessão se foi, com a exceção dos benefícios dos passos restantes e você não acessará sua mente subconsciente com a profundidade de antes. O ponto é alcançar o relaxamento máximo com esses dedos levantados. Essa é uma conexão maior e mais profunda entre sua percepção usual (consciência) e sua mente subconsciente

5) Feche os olhos

6) Respire por uma contagem de quinze segundos completos

7) Pause por uma contagem de cinco segundos completos
8) Solte a respiração por uma contagem de quinze segundos completos
9) Repita isso dez vezes
10) Seis minutos devem ter se passado
11) Abra os olhos e corrija a visão, assegurando que os dois dedos ainda estejam levantados e, quando estiver preparado
12) Respire por uma contagem de quinze segundos completos
13) Pause por uma contagem de cinco segundos completos
14) Solte a respiração por uma contagem de cinco segundos completos
15) Repita dez vezes
16) Seis minutos devem ter se passado
17) Sinta seu Momento-Chave e pense na versão escrita de seu desejo
18) Isso é muito poderoso. Você deve estar totalmente acordado ou pronto para dormir
19) Permaneça acordado ou vá dormir em algum momento

Versões condensadas

O Método dos Dois Dedos e Uma Mão – Versão menor

1) Sentado, relaxe cada músculo ao tensioná-los (evite cãimbras) e soltá-los. Isso garante sua conexão entre corpo e mente para que encontre a tensão e a solte.
2) Gentilmente foque sua mente em áreas tensas do seu corpo e imagine uma luz azul entrando esse ponto tenso do seu corpo. Pensar na cor azul tranquiliza.
3) Sua respiração está natural o tempo todo; a meditação ainda não começou. Você está se
preparando
4) Mantenha seu corpo totalmente reto contra a superfície da cadeira, com os pés no chão. Nesse ponto, você irá, conscientemente, levantar os médio e anelar da mão ESQUERDA apenas. Deixe os dedos levantados o tempo todo até o fim da sessão. Você pode sentir eles pesados e caindo. Faça seu melhor. Seu objetivo aqui é mantê-los levantados durante a sessão. Se eles caírem, o benefício da sessão se foi,

com a exceção dos benefícios dos passos restantes e você não acessará sua mente subsconsciente com a profundidade de antes. O ponto é alcançar o relaxamento máximo com esses dedos levantados. Essa é uma conexão maior e mais profunda entre sua percepção usual (consciência) e sua mente subconsciente
5) Feche os olhos
6) Respire normalmente por dez minutos
7) Não caia no sono
8) Quando sentir o menor dos movimentos dos dedos querendo cair, dê a si mesmo um rápido comando sobre seu desejo para sua mente.
9) Durma

O Método dos Dois Dedos e Duas Mãos

1) Sentado, relaxe cada músculo ao tensioná-los (evite cãimbras) e soltá-los. Isso garante sua conexão entre corpo e mente para que encontre a tensão e a solte.
2) Gentilmente foque sua mente em áreas tensas do seu corpo e imagine uma luz azul

entrando esse ponto tenso do seu corpo. Pensar na cor azul tranquiliza.

3) Sua respiração está natural o tempo todo; a meditação ainda não começou. Você está se

preparando

4) Mantenha seu corpo totalmente reto contra a superfície da cadeira, com os pés no chão. Nesse ponto, você irá, conscientemente, levantar os médio e anelar de AMBAS AS MÃOS. Deixe os dedos levantados o tempo todo até o fim da sessão. Você pode sentir eles pesados e caindo. Faça seu melhor. Seu objetivo aqui é mantê-los levantados durante a sessão. Se eles caírem, o benefício da sessão se foi, com a exceção dos benefícios dos passos restantes e você não acessará sua mente subconsciente com a profundidade de antes. O ponto é alcançar o relaxamento máximo com esses dedos levantados. Essa é uma conexão maior e mais profunda entre sua percepção usual (consciência) e sua mente subconsciente

5) Feche os olhos

6) Respire normalmente por dez minutos

7) Não caia no sono
8) Quando sentir o menor dos movimentos dos dedos querendo cair, dê a si mesmo um rápido comando sobre seu desejo para sua mente.
9) Durma

Método do Terceiro Olho

Esse método pode ser complicado para a maioria. O título parece simples o bastante, já que a maioria tem uma ideia do que é o terceiro olho. Explicando detalhadamente, o terceiro olho é um ponto simbólico localizado na testa de onde o fluxo de energia, concentração, respiração e espírito viaja para dentro e para fora do corpo. Muito tem sido escrito sobre ele. Aqui vai um link com mais informações: http://www.bethcoleman.net/3rdeye.html
O seguinte método fará mais proveito de seu poder interior do que qualquer outro até esse ponto. Portanto, faça esse método de vez em quando para efeito de purificação. Concentração e respiração serão as chaves para o sucesso. Para isso,

escolha a posição corporal mais confortável para você (ou seja, sentado, deitado, em pé etc). Seu objetivo será se concentrar exclusivamente apenas em sua respiração e nada mais. Concentre-se em sua respiração.

POR FAVOR, PERCEBA: Esse método é muito intenso e requer uma estrita auto-disciplina. Certifique-se de que possa fazer isso. Uma forma é fazer o Método do Vampiro. Substitua aquele método pelo que está logo abaixo, usando os passos 1 até o 4. Faça por vinte segundos.

Estando concentrado na respiração, o único requisito é evitar engasgar ou ofegar de forma rápida. Sua respiração será bem lenta e controlada. Seu foco é um minuto inteiro para respirar, pausar e soltar a respiração, até mesmo tornar isso um esforço único. Detalhadamente, isso significa realizar o seguinte:

1) Respire por vinte segundos
2) Pause a respiração por vinte segundos
3) Solte a respiração por vinte segundos

4) Repita isso sessenta vezes

Levando em consideração que sessenta minutos já tenham se passado com você concentrado na respiração, gentilmente imagine uma abertura em sua testa, permitindo que uma energia branca pura entre em você conforme respira e uma energia sem cor saia quando soltar a respiração. Os eventos terapêuticos que ocorrem dentro de você envolvem uma enorme quantidade de conhecimento fora do escopo desse livro. Por agora, vamos nos manter focados ao dizer que a sessão acima expandirá sua capacidade de relaxamento profundo e consciência para um grau de verdadeira maestria interior. Isso traz a pergunta: você gostará do resultado? E quais são as maiores preocupações quando for meditar? A próxima sessão é focada em Questões Frequentemente Perguntadas e suas respostas.

Questões Frequentemente Perguntadas/Problemas e Soluções

Fumar ajuda ou não
Os pulmões são responsáveis por uma atividade de suporte à vida muito importante. Eles precisam estar limpos e sem impeditivos para nos proporcionar uma respiração cheia de energia. Aqui vai um artigo que se aprofunda nisso: Após ler esse link, a resposta para a questão é provavelmente não. Considere o incentivo para parar, se possível.

E se eu fumar maconha?
Esse link pode te ajudar a decidir:
E se eu beber álcool?
Esse fórum fornece um entendimento excelente. A data do fórum não importa, mas sim o que os participantes dizem.

Por que não consigo me concentrar ou manter um pensamento por muito tempo?
Isso é muito comum para os iniciantes. A boa notícia é que, quando você deixa sua mente ir enquanto vai também, você ainda está indo para algum lugar e está tudo bem. É mais ou menos como treinar um corredor

olímpico para fazer caminhada olímpica. O ritmo desacelera. Uma mudança de foco ocorrerá, de uma mente ativa demais para uma mente desacelerada. A melhor forma de fazer isso é desmembrar seus esforços em passos. Na meditação, quando nossas mentes simplesmente não se aquietarem, siga esse passos simples até que consiga focar por cinco minutos completos. Por exemplo, conforme medita com o Método da Auto-hipnose, deixe sua mente vagar enquanto respira como foi instruído. Quando sentir que as coisas vão bem, na próxima sessão, perceba as luzes e as cores que emergem por trás de suas pálpebras. Quando isso se tornar fácil, na próxima sessão, perceba a cor que surge mais frequentemente e daí por diante. Aqui vai a lista que te manterá progredindo. Cada passo representa uma sessão por noite:

1) Deixe sua mente vagar enquanto respira do jeito que a meditação instruiu. Quando conseguir isso, faça o mesmo na próxima sessão.

2) Perceba as luzes, cores etc que surgem atrás das pálpebras fechadas e aproveite. Quando conseguir isso, faça o mesmo na próxima sessão.

3) Perceba a cor que aparece com mais frequência, gentilmente tente mantê-la e enxergá-la, de propósito. Quando conseguir isso, faça o mesmo na próxima sessão.

4) Mantenha a cor mais clara que conseguir suavemente por dez segundos. Quando conseguir isso, faça o mesmo na próxima sessão.

5) Mantenha a cor que enxergar por quinze segundos. Quando conseguir isso, faça o mesmo na próxima sessão.

6) Mantenha a cor que enxergar por vinte segundos. Quando conseguir isso, faça o mesmo na próxima sessão.

7) Mantenha a cor que enxergar por vinte e cinco segundos. Quando conseguir isso, faça o mesmo na próxima sessão.

8) Mantenha a cor que enxergar por trinta segundos. Quando conseguir isso, faça o mesmo na próxima sessão.

9) Desenvolva em intervalos de cinco segundos. Lembre-se de ser paciente

consigo mesmo. Acredite em sua mente para ir, gentilmente, onde você a direciona.

A ênfase aqui é a paciência gentil com sua atenção. Continue fazendo essas sessões até que sinta que conseguiu realizar um número considerável de concentrações. É um processo longo e está tudo bem.

Por que eu fico com coceira no rosto, braços, pernas etc? O que posso fazer?
Para muitos iniciantes, seus sistemas nervosos são cheios de vida, estresse, preocupações com dinheiro etc. Só porque pensamentos podem ser direcionados não significa que o corpo sempre seguirá naturalmente. Aqui vão algumas escolhas que podem ajudar:
1) Faça uma consulta com um médico para ter certeza que seu coração, pulmões etc estão livres de doenças.
2) Mantenha-se hidratado com comida e água suficientes. Aqui vai uma fonte de referência:. Comidas para se encontrar e consumir são: pepino, alface americana, aipo, melancia etc.

3) Use hidratantes de pele. Aqui vai outra fonte de referência:

4) Receba uma massagem ou uma série de massagens. O dom do toque te adapta a sensações por todo o corpo para que seus nervos, circulação etc se acalmem apropriadamente durante a meditação.

Por que a meditação envolve tantos passos? Eu achei que seria fácil.

A abordagem da meditação é normalmente formal porém relativamente solta em relação às regras. Como qualquer outra disciplina, passos devem ser seguidos para que saiba que está seguindo na direção correta. Dicas que indicam progresso são importantes ou a pessoa se perderá em um mar de questões e nenhuma resposta. Conforme melhora na meditação, você encontrará o que funciona e o que não funciona. Quando isso acontecer, algo muito interessante acontece: você cria suas próprias regras para meditar. Mantenha em mente que essa opção requer autoconhecimento (ou seja, experiência com meditação) para redefinir sua abordagem e prática de meditação. Algumas práticas meditativas são tão simples quanto sentar em algum lugar confortável, fechar os olhos, pensar em algo feliz e se focar nisso. Se isso te faz alcançar seus objetivos, fique à vontade para fazer. A razão para tantas técnicas é que, como o corpo com exercícios, é preciso haver variedade para se ter resultados. Uma variedade de abordagens meditativas (embora passos específicos sejam constantes como: focar na respiração, um local sem perturbações e confortável, corpo relaxado etc) é relaxante para a mente se manter responsiva a novas experiências. No entanto, se houver muita variedade em pouco tempo, sua mente ficará distraída, talvez até mais do que estava antes. A abordagem mais esperta é se manter em um único método por um período de tempo específico e alcançar os objetivos que são importantes com ele. Siga então para novos métodos, respeitando novos períodos de tempo associados a esses métodos. Seu cérebro é muito poderoso. Para onde você o guiar, ele irá. Quando ele é guiado em um período de tempo específico com um único método, você está dando a si mesmo um presente incrível. Certifique-se de respeitar a direção em que você está e sempre pense cautelosamente sobre mudar de direção com novas técnicas meditativas. A meditação deveria limpar sua mente, não colocá-la em desordem ainda mais. Você saberá quando for a hora de trocar as técnicas de meditação. Lembra-se: muita mudança faz com que você pare tudo. Mudanças pequenas e consistentes te dão direcionamento.

Quando eu medito, minha perna, braço, mão etc. saltam quando eu me aproximo do meu ponto de relaxamento e me interrompem. O que posso fazer?
Isso acontece mais ou menos com todo mundo ao meditar. Veja a informação sobre coceira na pele acima para procurar uma resolução. Se nada ajudar, fique tranquilo, não há nada de errado. Seu corpo registra o estresse e o permite seguir seu caminho, incluindo movimentos musculares repentinos (perna ou braço ou mão pulando etc) no momento em que cai no sono ou,

nesse caso, enquanto medita. Por mais que isso o interrompa, deixe acontecer. Com o passar do tempo, você perceberá que certas coisas acontecerão enquanto medita. Como um atleta que está treinando para uma performance específica, o corpo responde de forma questionável que não têm nada a ver com ferimentos ou danos. Vale a pena anotar detalhes importantes das suas experiências, então mantenha um pequeno caderno e registro rapidamente as reações inesperadas de seu corpo. Isso funciona para lembrar que é assim que você está se adaptando e seguindo o fluxo. Além do mais, manter pequenas anotações como essa o ajudarão a fazer perguntas específicas ao seu médico, se necessário. Novamente, seu corpo registra o estresse e o permite seguir seu caminho, incluindo movimentos musculares repentinos (perna ou braço ou mão pulando etc) que, em muitos casos, nada têm a ver com estar doente ou machucado.

Eu tenho ansiedade, depressão e dor crônica. Como a meditação pode me ajudar?

Essa é uma pergunta complicada porque muito tem sido escrito sobre como lidar com cada situação (ansiedade, depressão, dor crônica etc.). Certifique-se de que não se trata de algo clínico e sério e veja seu médico antes de fazer qualquer meditação. É realmente importante. Conhecer os pormenores das tentativas de ajudar a si mesmo é sempre algo bom. Agora, todo mundo tem uma certa quantidade de ansiedade, depressão e dor para lidar. Essas coisas vêm com a vida. Alguns exemplos:

• Um trabalho pode introduzir uma nova atividade que você não tem preparo para executar e causa ansiedade.

• Um animal de estimação estraga algo importante em sua casa, resultando em uma forma de depressão e perda breve.

• Trabalho no jardim extensivo que cria dores quer não desaparecem por vários dias.

As situações acima são apenas exemplos. Não existe como calcular as reações de todo mundo. Mas ramificações médicas sérias de ansiedade, depressão e dor crônica profundas não costumam resultar de apenas um incidente isolado. Quando a causa de tais problemas forem identificados, um plano para incluir a meditação pode ser uma boa. Acima de tudo isso, tenha cuidado com isso e se exercite com alguém que conheça, então poderá fazer boas escolhas para ajudar na sua situação.

A meditação pode aliviar sofrimentos e dores emocionais?

É preciso repetir a resposta. Essa é uma pergunta complicada porque muito tem sido escrito sobre como lidar com dor emocional. Certifique-se de que não se trata de algo clínico e sério e veja seu médico antes de fazer qualquer meditação. É realmente importante. Conhecer os pormenores das tentativas de ajudar a si mesmo é sempre algo bom.

Indo mais a fundo, a resposta é sim, meditação pode aliviar sofrimentos e dores emocionais ao treinar sua mente para associar novas emoções com novos pensamentos bem direcionados (ou seja, pensamentos que sejam recompensadores e utilizados como um foco durante a meditação para realinhar emoções com o intuito de obter auto-controle e auto-consolação.

Aqui vai uma técnica criativa. Ela se inicia com preparações já familiares demonstradas anteriormente nesse livro. Aqui estão essas preparações novamente, para sua conveniência: Presumindo que já esteja em uma cama confortável, com os pés quentes, as mãos ao lado do corpo em uma área sem perturbações por, pelo menos, quinze minutos, assegure-se que sua roupa esteja solta no corpo ou que não esteja vestindo nada. Você se preparou antes disso e levou um tempo para descobrir seu momento de habilidade sugestiva e sua afirmação pessoal para a mudança. Os passos são:

1) Fique de pé ou sente-se em um local confortável após pedir para ficar sozinho, se necessário
2) Olhe para longe

um incidente isolado. Quando a causa de tais problemas forem identificados, um plano para incluir a meditação pode ser uma boa. Acima de tudo isso, tenha cuidado com isso e se exercite com alguém que conheça, então poderá fazer boas escolhas para ajudar na sua situação.

A meditação pode aliviar sofrimentos e dores emocionais?

É preciso repetir a resposta. Essa é uma pergunta complicada porque muito tem sido escrito sobre como lidar com dor emocional. Certifique-se de que não se trata de algo clínico e sério e veja seu médico antes de fazer qualquer meditação. É realmente importante. Conhecer os pormenores das tentativas de ajudar a si mesmo é sempre algo bom.

Indo mais a fundo, a resposta é sim, meditação pode aliviar sofrimentos e dores emocionais ao treinar sua mente para associar novas emoções com novos pensamentos bem direcionados (ou seja, pensamentos que sejam recompensadores e utilizados como um foco durante a meditação para realinhar emoções com o intuito de obter auto-controle e auto-consolação.

Aqui vai uma técnica criativa. Ela se inicia com preparações já familiares demonstradas anteriormente nesse livro. Aqui estão essas preparações novamente, para sua conveniência: Presumindo que já esteja em uma cama confortável, com os pés quentes, as mãos ao lado do corpo em uma área sem perturbações por, pelo menos, quinze minutos, assegure-se que sua roupa esteja solta no corpo ou que não esteja vestindo nada. Você se preparou antes disso e levou um tempo para descobrir seu momento de habilidade sugestiva e sua afirmação pessoal para a mudança. Os passos são:

1) Fique de pé ou sente-se em um local confortável após pedir para ficar sozinho, se necessário
2) Olhe para longe

3) Desfoque a visão sobre um objeto na altura dos olhos

4) Respire por uma contagem de cinco segundos completos

5) Pause por uma contagem de cinco segundos completos

6) Solte a respiração por uma contagem de cinco segundos completos

7) Agora, imagine o que te incomoda. Aceita qualquer visão que tiver.

8) Respire normalmente e veja essa visão ir embora

9) Agora, pergunte-se o que o incomodava exatamente uma semana atrás. Enxerga essa visão de eventos, pessoas ou qualquer forma que surgir. Respire normalmente e veja essa visão ir embora

10) Agora, pergunte-se o que o incomodava exatamente um mês atrás. Enxerga essa visão de eventos, pessoas ou qualquer forma que surgir. Respire normalmente e veja essa visão ir embora

11) Agora, pergunte-se o que o incomodava exatamente seis meses atrás. Enxerga essa visão de eventos, pessoas ou qualquer

forma que surgir. Respire normalmente e veja essa visão ir embora

12) Agora, pergunte-se o que o incomodava exatamente doze meses atrás. Enxerga essa visão de eventos, pessoas ou qualquer forma que surgir. Respire normalmente e veja essa visão ir embora

13) Você pode não chegar tão longe nessa sessão. Está tudo bem. É provável que não consiga lembrar. Esse é o objetivo.

14) Logo no "exato momento" em que não lembrar o que o incomodava, pense em um bom sentimento ou pensamento ou memória que possa ser colocado no lugar. Torne essa imagem em algo grande na sua mente, realmente grande. Mantenha-a confortavelmente o máximo que puder.

15) Saia da concentração com leveza quando estiver preparado

16) Repita, se necessário

Use esse método para aliviar o que você sabe que pode ser ansiedade, depressão ou dor temporária.

Conclusão

Esse livro tentou cobrir uma aplicação fácil e prática de muitas formas de meditação. Ele começou o encorajando a identificar o que o torna aberto a sugestões. Usando esse conhecimento, um método simples discutiu qual técnica pode ser utilizada por um pouco mais de um mês e meio. Dominar esses passos iniciais é muito semelhante a andar antes de aprender a correr. Por favor, incorpore esses passos iniciais antes de avançar para os outros métodos. Obrigado e boa sorte!

www.ingramcontent.com/pod-product-compliance
Lightning Source LLC
Chambersburg PA
CBHW071858070526
44583CB00016B/1748